П'ЯТЬ СИЛ ПОРТЕРА — 4

Ключова інформація — 4

Вступ — 5

ТЕОРІЯ — 7

Переговорна сила клієнтів — 8

Переговорна сила постачальників — 8

Загроза появи продуктів-субститутів — 9

Загроза появи нових учасників — 10

Внутрішньогалузева конкуренція — 11

ОБМЕЖЕННЯ ТА ПРОДОВЖЕННЯ — 13

Обмеження та критика — 13

Споріднені моделі та розширення — 15

ПРАКТИЧНЕ ЗАСТОСУВАННЯ — 17

Поради та рекомендації — 17

Тематичне дослідження – індустрія електронних читалок — 23

РЕЗЮМЕ — 27

ЧИТАТИ ДАЛІ — 28

Бібліографія — 28

П'ЯТЬ СИЛ ПОРТЕРА

КЛЮЧОВА ІНФОРМАЦІЯ

- **Імена:** П'ять сил Портера

- **Використання:** аналіз конкурентного середовища галузі

- **Чому вона успішна?** Ця модель дає можливість:

  - розуміти галузь і характер взаємовідносин між різними учасниками ринку, на якому працює компанія;

  - визначити результати діяльності та фактори впливу на сектор;

  - оцінити, як зміни в галузі можуть вплинути на її прибутковість.

- **Ключові слова:**

  - <u>Конкуренція</u>: важливий аспект ринку, який характеризується тим, що компанії, які присутні на ньому, борються одна з одною за утримання найбільшої частки ринку.

  - <u>Конкурентна перевага</u> – цінність, створена компанією та сприйнята споживачами, яка відрізняє її від інших гравців галузі та приносить кращу прибутковість, диференціююча сила для ведення переговорів.

  - <u>Концентрація галузі</u>: влада певних учасників у конкретних секторах. Якщо лише кілька компаній ділять ринок, галузь вважається концентрованою.

П'ЯТЬ СИЛ ПОРТЕРА

Розуміти конкурентні сили та випереджати конкурентів

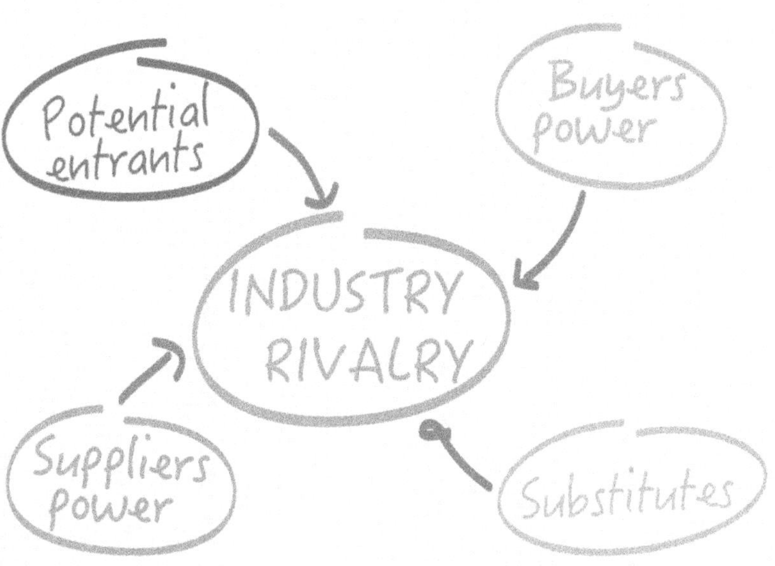

50MINUTES.com

П'ЯТЬ СИЛ ПОРТЕРА

Розуміти конкурентні сили та випереджати конкурентів

написаний Stéphanie Michaux
перекладено Yaroslav Melnik

50MINUTES.com

- ○ <u>Рентабельність</u>: співвідношення між початковими інвестиціями та фінансовими результатами.

- ○ <u>Стратегія</u> — визначення комплексу дій, які необхідно здійснити, та ресурсів, які необхідно використати для досягнення спочатку поставлених цілей у довгостроковій перспективі та зближення в напрямку створення унікальної та бажаної позиції в конкурентному середовищі.

- ○ <u>Трансферні витрати</u>: також звані "витратами перемикання", вони являють собою ресурси, які будуть обов'язково інвестовані під час переходу від однієї системи/процесу/технології і т.д. до іншої.

ВСТУП

Оскільки всі компанії розвиваються в конкурентному середовищі, диференціація стала першорядною, а іноді і життєво важливою. Крім постійної обережності, щоб не втратити вже придбану частку ринку для стратегічної бізнес-одиниці (СБО), компанія повинна постійно підтверджувати свої відмінності, щоб підтримувати і створювати власну конкурентну перевагу.

Розроблена в 1979 році Майклом Е. Портером (нар. 1947 р.), професором бізнес-стратегії в Гарварді, модель п'яти сил дозволяє керівникам підприємств передбачати тенденції в галузі та зміни в конкуренції, щоб впливати на них шляхом прийняття стратегічних рішень, які дозволять їм отримати або зберегти конкурентну перевагу.

Визначення моделі

Модель п'яти сил є важливим інструментом для розуміння конкурентної структури галузі. Цей простий аналітичний інструмент є ефективним для визначення конкурентів – у широкому сенсі – компанії, а також для розуміння того, як вони можуть зменшити її здатність генерувати прибуток.

Повний аналіз розглядає п'ять сил: переговорна сила споживача, переговорна сила постачальника, загроза появи товарів-замінників, загроза появи нових учасників та внутрішньогалузева конкуренція. Перші чотири елементи діють незалежно один від одного, водночас посилюючи суперництво всередині галузі.

ТЕОРІЯ

Протягом 1970-х років Майкл Портер написав і опублікував серію статей, присвячених стратегії, що призвело до видання книги «*Конкурентна стратегія: Методи аналізу галузей і конкурентів*» – біблії стратегії, яка з тих пір була перекладена на 19 різних мов. У книзі він розробив потужну модель, яка зробила революцію в теорії, практиці, а також у викладанні стратегії в усьому світі: модель п'яти сил.

Цей підхід фокусується на різних силах, які формують і впливають на конкурентне середовище галузі. Зі стратегічної точки зору, ця методика аналізу має вирішальне значення для визначення позиціонування компанії на ринку, а також для боротьби з конкурентами. Необхідно чітко ідентифікувати:

- взаємовідносини компанії з іншими гравцями галузі, в тому числі:
  - клієнти
  - постачальники
  - виробники товарів-замінників
  - потенційні нові учасники
  - конкуренти
- і, таким чином, п'ять сил:
  - переговорна сила клієнтів
  - переговорна сила постачальників
  - загроза появи товарів-замінників

- ○ загроза появи нових учасників

- ○ внутрішньогалузева конкуренція.

ПЕРЕГОВОРНА СИЛА КЛІЄНТІВ

Вплив споживачів у конкурентному середовищі залежить від їхньої здатності вести переговори. Це може фактично змусити компанії знизити ціни, вимагати вищої якості або додаткових послуг, або навіть скористатися перевагами конкуренції між різними суб'єктами. При цьому споживачі безпосередньо впливають на прибутковість ринку, оскільки вони мають вплив на собівартість продукту.

Клієнти мають ще більше повноважень, якщо:

- є лише кілька клієнтів або вони закуповують великі обсяги;

- продукти, доступні на ринку, є стандартизованими і дуже мало відрізняються від продуктів конкурентів;

- вартість переходу від одного постачальника до іншого є низькою;

- вони можуть безпосередньо інтегрувати діяльність постачальника у власний виробничий ланцюжок.

ПЕРЕГОВОРНА СИЛА ПОСТАЧАЛЬНИКІВ

Аналогічно, постачальники можуть впливати на прибутковість компанії, нав'язуючи свої умови (з точки зору вартості або якості) так само, як і клієнти.

Сила постачальників значна тоді, коли:

- вони є особливо концентрованими або перебувають у монопольному становищі;

- вони мають багато клієнтів з різних галузей промисловості;

- вартість трансферу висока;

- вони пропонують диференційовані продукти, і немає продуктів-замінників того, що вони пропонують;

- вони можуть включити більше видів діяльності у свій основний бізнес далі по ланцюгу поставок.

Постачальники мають пряму владу над галуззю шляхом (пере)узгодження умов контракту між собою та своїми клієнтами (компаніями), а також шляхом постійного пошуку найкращих цін.

ЗАГРОЗА ПОЯВИ ПРОДУКТІВ-СУБСТИТУТІВ

Товари-замінники пропонують альтернативи існуючій пропозиції в секторі. Вони задовольняють подібні потреби в інший або інноваційний спосіб. Наприклад, електронна пошта є замінником звичайної пошти, так само як MP3 є замінником плеєра.

Присутні в кожній галузі, товари-субститути стають реальною загрозою, коли:

- вони пропонують кращу якість;

- вартість переходу на продукт-замінник є низькою;

- ціна товару-замінника є нижчою.

У більш загальному плані, продукти-замінники становлять загрозу, завойовуючи частку ринку та чинячи тиск на ціни.

ЗАГРОЗА ПОЯВИ НОВИХ УЧАСНИКІВ

Нові учасники ринку струшують ринок, займаючи раніше незайняту позицію, надаючи більшу цінність новим споживачам. Їх прагнення завоювати нову частку ринку посилює тиск на ціни та політику щодо собівартості та темпів інвестування.

Загроза появи нових учасників сильніша тоді, коли:

- відсутній патентний захист технологій, що дає можливість легкого доступу до них;

- бар'єри для входу на ринок та вимоги до капіталу є дуже низькими;

- економія від масштабу є слабкою;

- мало культурних бар'єрів;

- вартість заміни для замовника є низькою;

- компанії, що вже працюють у цьому секторі, не мають дуже сильного іміджу;

- клієнти не обов'язково лояльні до компаній, які їм постачають;

- ймовірність реваншу з боку гравців, які вже закріпилися на ринку, є низькою;

- Уряд надає допомогу та субсидії для нових вступників.

👁 Бар'єри для в'їзду

У межах галузі вираз «бар'єр для входу» означає рівень труднощів – через природні або штучні перешкоди – з якими стикається гравець, який хоче увійти в галузь, особливо з точки зору необхідних початкових інвестицій. Штучні перешкоди можуть створюватися гравцями, які вже працюють на ринку. Високі бар'єри для входу на ринок гарантують первинним гравцям певний захист від нових учасників.

Що стосується бар'єрів виходу, то вони є психологічними, оскільки стосуються для споживача зусиль, необхідних для того, щоб вийти зі сфери впливу одного товару і увійти в сферу впливу іншого товару.

ВНУТРІШНЬОГАЛУЗЕВА КОНКУРЕНЦІЯ

В основі моделі лежить внутрішнє суперництво в секторі, на яке можуть впливати та оцінювати інші сили моделі. Конкуренти постійно борються всередині сектору, щоб збільшити або просто зберегти свої позиції в цій сфері. Внутрішня конкуренція може приймати різні форми і призводити до таких дій, як

- знизити ціни;

- впровадження нових продуктів;

- рекламні кампанії;

- вдосконалення асортименту продукції та послуг.

Інтенсивність конкуренції залежить від кількості компаній, що діють у секторі, їхнього розміру та масштабу їхньої ринкової частки. Вона може зрости, якщо

- галузь не є концентрованою, тобто коли конкуренти є численними та порівнянними за розміром;

- темпи зростання галузі слабкі;

- бар'єри для входу є низькими та/або бар'єри для виходу є високими;

- ступінь диференціації продукції низький;

- фіксовані витрати є високими.

Конфігурація п'яти сил відрізняється для кожної галузі. Залежно від інтенсивності, ієрархії та динаміки цих сил можна буде визначити критичні фактори успіху (КФУ), тобто стратегічні елементи, над якими необхідно отримати контроль, щоб забезпечити стійку конкурентну перевагу.

Чим сильніші сили, тим менше у компаній простору для маневру: вони мають менш привабливу рентабельність інвестицій. І навпаки, чим слабкіші сили, тим більш прибутковими будуть компанії, оскільки вони захищені від своїх конкурентів. Тому вкрай важливо інвестувати в ті види діяльності, які мають стійкі конкурентні переваги, щоб забезпечити прибутковість проекту і дозволити компанії зберегти свою маржу і частку ринку.

Таким чином, ефективність діяльності компанії буде залежати від її здатності боротися з цим конкурентним середовищем та впливати на нього.

ОБМЕЖЕННЯ ТА ПРОДОВЖЕННЯ

Ключовий внесок Портера полягає в класифікації різних економічних факторів, які впливають на прибуток галузі, в моделі, яка включає вертикальну інтеграцію ланцюжка створення вартості, а також конкуренцію на ринку.

Тим не менш, модель Портера також має обмеження і може бути піддана критиці з кількох причин.

ОБМЕЖЕННЯ ТА КРИТИКА

Погана і неповна модель

У кількох наукових статтях і публікаціях ставиться під сумнів актуальність п'яти сил Портера. Серед найпоширеніших критичних зауважень знаходимо такі:

- **Недооцінка можливостей. Зосереджуючись** лише на існуючих та майбутніх загрозах і захисті частки ринку, модель п'яти сил залишає дуже мало місця для аналізу можливостей на ринку. Вона не враховує динаміку взаємодії та можливих партнерських відносин між гравцями всередині галузі.

- **Ігнорування створення цінності.** У своїй моделі Портер зосереджується насамперед на бар'єрах для входу на ринок та структурі ринку для забезпечення вищих за середні прибутків. Однак при цьому він нехтує центральною концепцією створення цінності для клієнтів та розробкою нових продуктів і послуг всередині компанії.

- **Первинність галузі.** Зосереджуючи свій підхід на структурі галузі, модель Портера виявляється ідентичною для всіх активних конкурентів на одному ринку. Тому виникає необхідність врахування інших параметрів у розширеному конкурентному аналізі – наприклад, сильних сторін та ключових компетенцій активних організацій в галузі. Дійсно, компанії можуть займати унікальні та завидні позиції на своєму ринку, позиції, які можуть ізолювати їх від певних сил.

- **Ігнорування варіацій попиту.** Модель Портера ігнорує фактори, які можуть впливати на попит. Таким чином, вона не враховує такі економічні принципи, як зміни в доходах чи смаках споживачів.

- **Якісний аналіз.** Через свою якісну природу модель Портера не дозволяє точно оцінити інтенсивність дії сил. Наприклад, хоча застосування моделі може свідчити про те, що загроза появи нових гравців є високою, вона не пропонує інструменту для розрахунку ймовірності появи цих гравців. З цієї причини модель є особливо корисною для виявлення тенденцій та змін у секторі.

Застаріла модель

Інші аналітики навіть стверджують, що модель п'яти сил несумісна з глобалізованою економікою та розвитком нових технологій. Відповідно до бачення стратегії, заснованої на конкуренції та важливості бар'єрів для входу, ця модель підривається сучасною економікою, яка залишає місце для нових учасників у різних формах і регулярно поновлюється. За останні роки ми багато разів були свідками того, як конкурентні переваги великих підприємств втрачали силу через радикальні інновації. Наприклад, компанія Kodak, яка раніше була лідером у професійній фотоіндустрії, була змушена оголосити про банкрутство в січні 2012 року.

Аналогічно, модель п'яти сил Портера не враховує синергії та взаємозалежності бізнес-портфелів великих компаній, які існують в умовах глобалізації економіки.

СПОРІДНЕНІ МОДЕЛІ ТА РОЗШИРЕННЯ

П'ять (+1) сил Портера

Оригінальна модель Портера може бути доповнена шостою силою, вплив якої є далеко не незначним: державна влада. У цьому випадку йдеться про модель п'яти (+1) сил.

Хоча уряд не був включений до першої моделі, окрім як у формі постачальника або замовника, його регуляторна роль все ж таки має бути врахована. Дійсно, компанії, що стикаються одна з одною на ринку, змушені дотримуватися правової бази, специфічної для кожної географічної території. Таким чином, такі параметри, як стандарти і правила, податки або дипломатичні відносини, що підтримуються державою, також структурують ринок.

У своїй останній роботі М. Портер відкидає таке розширення моделі. На його думку, уряд не можна вважати силою, а лише фактором. Найкращий спосіб зрозуміти вплив уряду на економіку – це проаналізувати, як заходи, що вживаються органами державної влади всередині держави, можуть впливати на п'ять сил.

Як і у випадку з органами державної влади, Портер також підкреслює важливість «доповнень». Ці продукти та послуги використовуються як доповнення до продуктів, що пропонуються досліджуваною галуззю. Доповнення вступають у гру, коли вигода від двох продуктів, об'єднаних разом, перевищує цінність кожного продукту окремо. Вони можуть відігравати значну роль, особливо у сфері нових технологій (наприклад, специфічне програмне забезпечення в телекомунікаційній галузі), оскільки впливають на попит.

ПРАКТИЧНЕ ЗАСТОСУВАННЯ

ПОРАДИ ТА РЕКОМЕНДАЦІЇ

Для ефективного аналізу природи галузі корисно рухатися поетапно.

Визначте галузь, що вивчається

Щоб визначити галузь, ми повинні зосередитися на двох ключових елементах: продукції та географічному регіоні. Які продукти слід брати до уваги в цьому аналізі? Які продукти слід ігнорувати, оскільки вони належать до іншої галузі? В якому географічному регіоні діють конкуренти?

Визначити складові моделі

Потім необхідно ідентифікувати кожну силу за допомогою запитань, які є специфічними для кожної сили. Відповіді на них дозволять визначити тенденції, а також загрози, які вони представляють. Важливо відповісти на ці питання в два етапи, щоб побачити поточну ситуацію і передбачити майбутню тенденцію.

Клієнти або групи клієнтів

- Наскільки концентрованою є галузь моїх клієнтів?

- Які обсяги закупівель здійснюють ці групи клієнтів?

- Чи можуть вони перейти на продукти-замінники?

- Чи здійснюють вони конкретні інвестиції для сприяння укладанню угод з певними партнерами?

- Чи дійсно вони загрожують інтеграції виробничої діяльності вниз за течією?

- Чи можуть ціни узгоджуватися між замовниками та постачальниками на кожне замовлення?

Постачальники

- Чи є галузь постачальників більш концентрованою, ніж досліджувана галузь?

- Який обсяг закупівель здійснює досліджувана галузь?

- Чи здійснюють компанії мого сектору конкретні інвестиції для підтримки операцій з цими постачальниками?

- Чи загрожують вони інтеграції у верхній частині ланцюга?

- Чи змушені вони підвищувати ціни?

- Чи легко їм знаходити нових клієнтів?

- Чи сильні бренди моїх постачальників?

Існуючі конкуренти

- Яка структура конкурсу?

- Який ступінь диференціації продукції?

- Які стратегічні цілі конкурентів?

- Які темпи зростання сектору?

- Яка структура витрат досліджуваної галузі?

- Наскільки концентровані продавці?

- Чи існують значні відмінності у витратах між конкурентами?

- Чи можуть компанії легко коригувати свої ціни?

- Чи існують бар'єри для виходу?

- Чи регулюється ціна попиту?

- Чи є у конкурентів надлишкові потужності?

Продукти-замінники

- Чи є ці продукти в наявності? Чи велика їх кількість?

- Яке співвідношення ціна-якість цих продуктів на Вашу думку?

- Наскільки гнучкою є ціна попиту?

- Чи є якісь добавки?

- Яке у них співвідношення ціна-якість?

Нові учасники

- Який капітал їм потрібен для виходу на ринок?

- Чи є значна економія від масштабу?

- Який рівень іміджу їхнього бренду?

- Чи мають вони вільний доступ до розподільчих мереж?

- Чи мають вони вільний доступ до сировини?

- Чи мають вони вільний доступ до відповідних технологій?

- Чи підтримуються вони органами державної влади?

- Яка їхня мета?

Необхідно розставити пріоритети між різними силами таким чином, щоб отримана модель була адаптована до досліджуваної галузі.

Виявити рушійні сили кожної з них та визначити ступінь їх інтенсивності

Кожна сила повинна бути поставлена під сумнів: чи є вона достатньо впливовою, щоб вплинути на галузь, зменшуючи або зношуючи прибуток? Вага цих сил дозволяє визначити здатність компанії отримувати прибуток. Чим більша інтенсивність цих 5 або 6 сил, тим більше можливості отримання прибутку будуть обмежені, оскільки ринок буде вважатися стагнуючим. І навпаки, якщо сили слабкі, то теоретично можна генерувати значні прибутки.

Зауважте, що не завжди слід вважати привабливими галузі – або сектори – з високими темпами зростання. Хоча вони пропонують багато можливостей, існує ризик сильної конкуренції в найближчому або віддаленому майбутньому.

Визначити та оцінити галузеву структуру

- Яка ступінь рентабельності?

- Хто контролює і впливає на війська?

- Як довго цей аналіз буде актуальним?

Проаналізувати нещодавні та потенційні зміни в галузі

Зміни в галузі можуть бути раптовими, тому це слід враховувати і постійно оновлювати критерії для аналізу. Аналіз може виявити критичні фактори успіху, які дозволять компанії розвинути стійку та ключову конкурентну перевагу.

 ПРИЄМНО ЗНАТИ

Під час такого аналізу може виникнути багато помилок:

- не зовсім точне визначення галузі;

- перераховувати дійових осіб замість того, щоб займатися реальним аналізом;

- без урахування еволюції галузі;

- плутаючи наслідки і причини;

- ігнорування тенденцій, що спостерігаються в секторі.

Крім того, такий аналіз повинен посилатися на економічні принципи, які застосовуються до кожної сили. Інструментами аналізу внутрішньогалузевої конкуренції, нових учасників та товарів-замінників є теорія ігор та промислової організації. Що стосується дослідження впливу споживачів та постачальників, то воно є похідним від теорії вертикальних зв'язків компанії.

Модель є, перш за все, основою для прийняття стратегічних рішень. Тому багато рішень такого роду можуть бути результатом такого аналізу, і серед найпоширеніших є такі:

- **(Пере)позиціонування компанії.** Після проведеного аналізу та з метою перевершити своїх конкурентів, менеджери можуть вибрати (пере)позиціонування свого бізнесу шляхом диференціації, або через витрати, або через іншу конкурентну перевагу, що дозволить їм уникнути впливу певних сил і, отже, гарантувати прибуток в довгостроковій перспективі.

- **Володіння новим неосвоєним сегментом галузі.** Інвестуючи в нішу, яка залишається незайнятою, компанія може забезпечити більш високу рентабельність інвестицій.

- **Вплив на сили на свою користь.** Хоча цей маневр є досить складним, компанія може спробувати змінити і вплинути на сили на свою користь, головним чином, шляхом підписання партнерських угод з іншими зацікавленими сторонами з метою зниження рівня внутрішньогалузевої конкуренції або шляхом викупу нових учасників. Для зменшення впливу постачальників компанія може прийняти рішення про включення деяких видів їх діяльності у власний ланцюжок створення вартості.

Нарешті, з підприємницької точки зору, цей аналіз буде залучений до набагато ширшого стратегічного аналізу і включатиме, наприклад, SWOT (сильні та слабкі сторони, можливості та загрози) та PESTLE (політичні, економічні, соціокультурні, технологічні, правові та екологічні) аналізи, які дозволяють визначити можливості та загрози, які можуть з'явитися в секторі.

ТЕМАТИЧНЕ ДОСЛІДЖЕННЯ – ІНДУСТРІЯ ЕЛЕКТРОННИХ ЧИТАЛОК

Для ілюстрації теорії розглянемо ринок електронних читалок (або пристроїв для читання електронних книг).

👁 ВИ ЗНАЛИ?

Електронна читалка – це електронний пристрій, єдиною метою якого є підтримка читання цифрової книги (е-книги). Концептуально розроблений у 1990-х роках двома італійськими вченими, цей продукт не отримав очікуваного успіху, коли був випущений на ринок Франції наприкінці 1990-х років. Лише наприкінці 2000-х років з'явилося більше різноманітних електронних книг, спочатку в Сполучених Штатах, а потім і в Європі. Франція, хоча і повільніше, ніж англосаксонські країни, впроваджувала новий продукт, зараз має постійно зростаючу кількість цифрових читачів.

Книжкова галузь, яка кардинально змінилася за останні роки через складну економічну ситуацію, стикається з суттєвими викликами. Серед них найбільш значущими є помітний розвиток онлайн-торгівлі та закриття багатьох книжкових магазинів. Поява цифрового читання сама по собі кидає виклик традиційним бізнес-моделям. У 2012 році річний показник продажів електронних читалок в США склав 25 мільйонів, і за оцінками, в 2013 році 32% американців будуть володіти електронними читалками і більше половини з них будуть володіти планшетами. Ринок електронних читалок там зараз вважається зрілим.

Які основні сили діють у цій конкретній галузі? Які актори чинять тиск? Які компанії прискорюють тенденції?

- **Переговорна сила покупців.** У даному випадку – у випадку з цифровими читачами – інтенсивність цієї сили вважається середньою. Враховуючи невелику кількість продавців на дуже велику кількість читачів, вплив переходу покупців на інший тип пристрою для читання є помірним. Дійсно, середній обсяг покупки цифрового пристрою для читання не є достатньо значним, щоб дестабілізувати гравця галузі в разі зміни. Тим не менш, вартість переходу, яка в даному випадку відповідає зусиллям, які читач повинен докласти для переходу до конкурента, є відносно високою, враховуючи існуючі екосистеми; читач фактично надає перевагу книжковому магазину, пов'язаному з його електронним пристроєм для зчитування. Таким чином, якщо покупець розлучається зі своєю першою моделлю (наприклад, Kindle, що асоціюється з книжковим магазином Amazon), йому буде дуже важко перенести книги, якими він вже володіє, на новий пристрій для читання, якщо він обере інший бренд.

- **Переговорна сила постачальників.** Переговорна сила постачальників з активними компаніями на ринку електронних читалок також є відносно низькою, оскільки дуже малоймовірно, що вони будуть інтегрувати діяльність далі по ланцюгу поставок. Крім того, якщо постачальники значно підвищать ціни, компанії не матимуть проблем з пошуком інших постачальників з такою ж кваліфікацією, оскільки ця галузь є дуже концентрованою.

- **Продукти-замінники.** Оскільки багато інших продуктів можуть замінити електронні рідери, починаючи з паперових книг та планшетів, важко завоювати лояльність споживачів у довгостроковій перспективі. Зокрема, електронні читалки, які вже кілька років не демонструють технологічного розвитку, піддаються значному ризику бути витісненими смартфонами, які мають не тільки аналогічні функції, але й додаткові. У більш широкому сенсі, читання конкурує з усіма пропозиціями для проведення дозвілля. Загроза появи продуктів-замінників особливо висока, оскільки з кожним роком спостерігається зменшення кількості читачів.

- **Нові учасники.** Цей ринок, який є нішевим, не може підтримувати велику кількість нових гравців. Деякі групи виробників прекурсорів вже добре зарекомендували себе на цьому зрілому ринку і займають значну частину ринку в усьому світі, так що конкурувати з ними відносно важко. Дійсно, для нових гравців виклик подвійний, оскільки вони повинні мати дуже великий обсяг фінансового капіталу з самого початку для виробництва, і вони повинні виробляти дуже великий обсяг одиниць для того, щоб досягти успіху на масштабних ринках. Такий сценарій можливий лише за умови, що цінність, створена цими новими учасниками, буде масово сприйматися споживачами, які можуть розглядати її як суттєву перевагу. Загроза появи нових учасників є відносно низькою.

- **Внутрішньогалузева конкуренція.** Галузь електронних читалок є висококонкурентною, де ринок ділить невелика кількість світових гравців. Amazon Kindle, з рівнем проникнення близько 40%, безсумнівно, домінує на ринку. До недавнього часу за ним слідували PanDigital, Nook by Barnes and Noble і Sony, в той час як інші утримували лише решту 20%. Суперництво загострилося, коли в лютому 2014 року компанія Sony оголосила про припинення виробництва своїх електронних читалок в США, не витримавши особливо високого тиску, характерного для ринку електронних читалок, який був особливо сильним. Її клієнтська база перейшла до колишнього конкурента – компанії Kobo.

Індустрія електронних читалок досягла зрілості за кілька років. Зараз, перебуваючи в руках кількох гравців, які ведуть нещадну війну, вона вже наповнюється тривожною кількістю замінників. Тому дуже ймовірно, що найближчим часом ми побачимо незначне зниження прибутковості цього ринку, а також поступове скорочення інвестицій в цей сектор на користь інших подібних технологій з більш перспективними перспективами. Компанія Amazon, усвідомлюючи цей зсув, вже, схоже, прийняла деякі стратегічні рішення з цього приводу, випустивши на ринок свої планшети та смартфони.

РЕЗЮМЕ

- Розроблена Майклом Портером у 1979 році і вважається однією з теоретичних основ сучасної стратегії, ця модель дозволяє аналізувати конкурентне середовище галузі.

- П'ять сил, а саме: переговорна сила клієнтів і постачальників, загроза появи товарів-замінників, нові учасники ринку і, нарешті, внутрішньогалузеве суперництво — сформульовані в цій моделі для того, щоб надати компаніям керівні принципи для розгляду і можливість зрозуміти взаємодію в рамках їхньої галузі.

- Крім того, що ця модель допомагає візуалізувати конкуренцію та оцінити прибутковість галузі, вона підтримує мислення бізнес-лідерів, які бажають вдосконалити свої стратегії в довгостроковій перспективі.

- Якою б гарною не здавалася модель Портера, вона все ж має свої обмеження, включаючи тенденцію до недооцінки можливостей, верховенство галузі по відношенню до компанії та ігнорування факторів, що впливають на попит.

- Модель може супроводжуватися шостою силою — державою. Фактично, вона може впливати на економічні відносини між суб'єктами всередині галузі, а отже, опосередковано впливати на її прибутковість.

ЧИТАТИ ДАЛІ

БІБЛІОГРАФІЯ

Бесанько, Д., Дранове, Д., Шенлі, М. и Шефер, С. (2013) *Економіка стратегії*. [6-е видання]. Хобокен: Wiley.

Магретта, Ж. (2011) Зрозуміти *Майкла Портера. Concurrence. Stratégie*. Париж: Eyrolles.

Портер, М. Е. (1986) *Конкуренція в глобальних галузях промисловості*. Бостон: Harvard Business Press.

Портер, М. Е. (2008) *Конкурентна стратегія*. Нью-Йорк: Вільна преса.

Портер, М. Е. (2008) П'ять конкурентних сил, що формують стратегію. *Harvard Business Review*. [Онлайн]. Accessed 5 December 2016]. Режим доступу: http://www.exed.hbs.edu/assets/documents/hbr-shape-strategy.pdf

Портер, М.Е. (1991) На шляху до динамічної теорії стратегії. *Журнал стратегічного менеджменту*. 12(S2).

Ми хочемо почути вас!
Залишайте коментарі в онлайн-бібліотеці
та діліться улюбленими книгами в соціальних мережах!

Видавець забезпечує достовірність опублікованої інформації,
за яку, однак, не несе відповідальності.

Майстер ISBN: 9782808601061
Паперовий ISBN: 9782808602518
Юридичний депозит: D/2022/12603/252

Цифровий дизайн: Primento,
цифровий партнер видавництва.